AF428118

# SUBTRACTION

## WITH REGROUPING EXERCISES

## GRADE 1-3

### Math Books for Kids | Children's Math Books

Let's learn Subtraction!
This time its by regrouping or also called "borrowing". Read more to find out what it is and how this method works.

Ready?

# SUBTRACTION
## (by regrouping)

Subtraction by regrouping is done when a number is subtracted by a two or more digit number.

2 is less than 7 so in order to subtract 7 from 2, it has to borrow 1 from the number next to it which is 3.

3 will now become 2 since 2 borrowed from it.

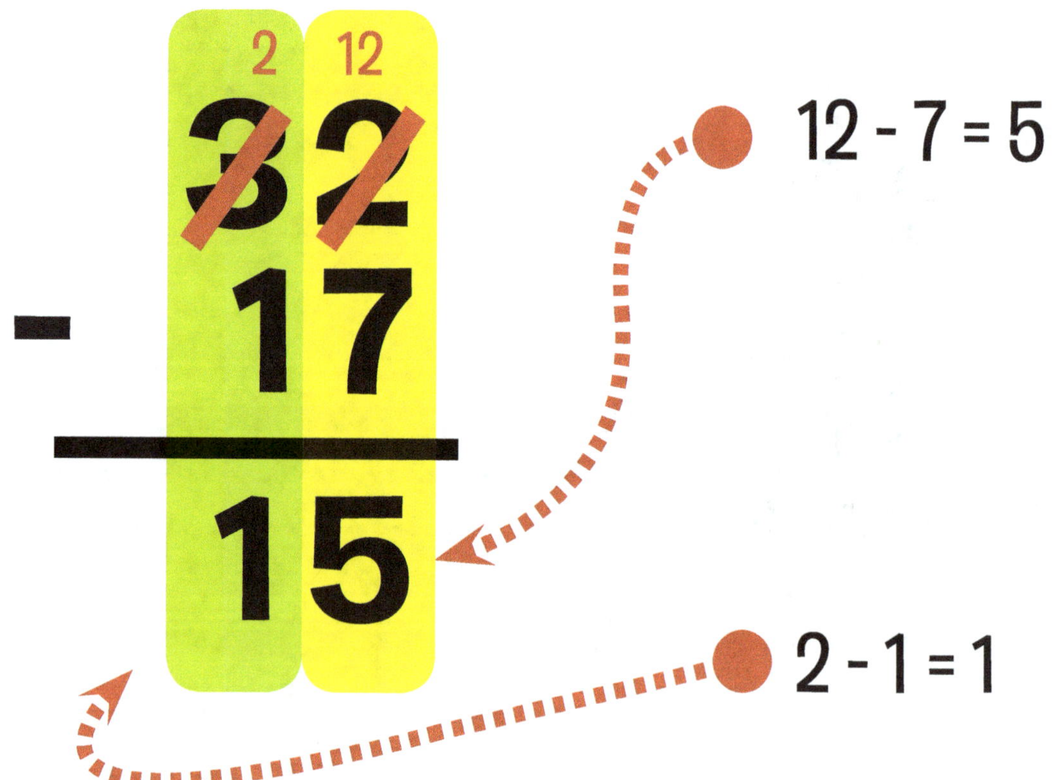

2
12
32
17
15
−
12 - 7 = 5
2 - 1 = 1

## Example:

## 53 - 29 = 24

**We can't regroup from "0", but we can make it 10 by borrowing first from the number before it.**

**304 - 87 = 217**

0 borrowed 1 from 3, that makes it 10 but since 4 is to be subtracted by 7 it has to borrow from now 10 and that makes it 9.

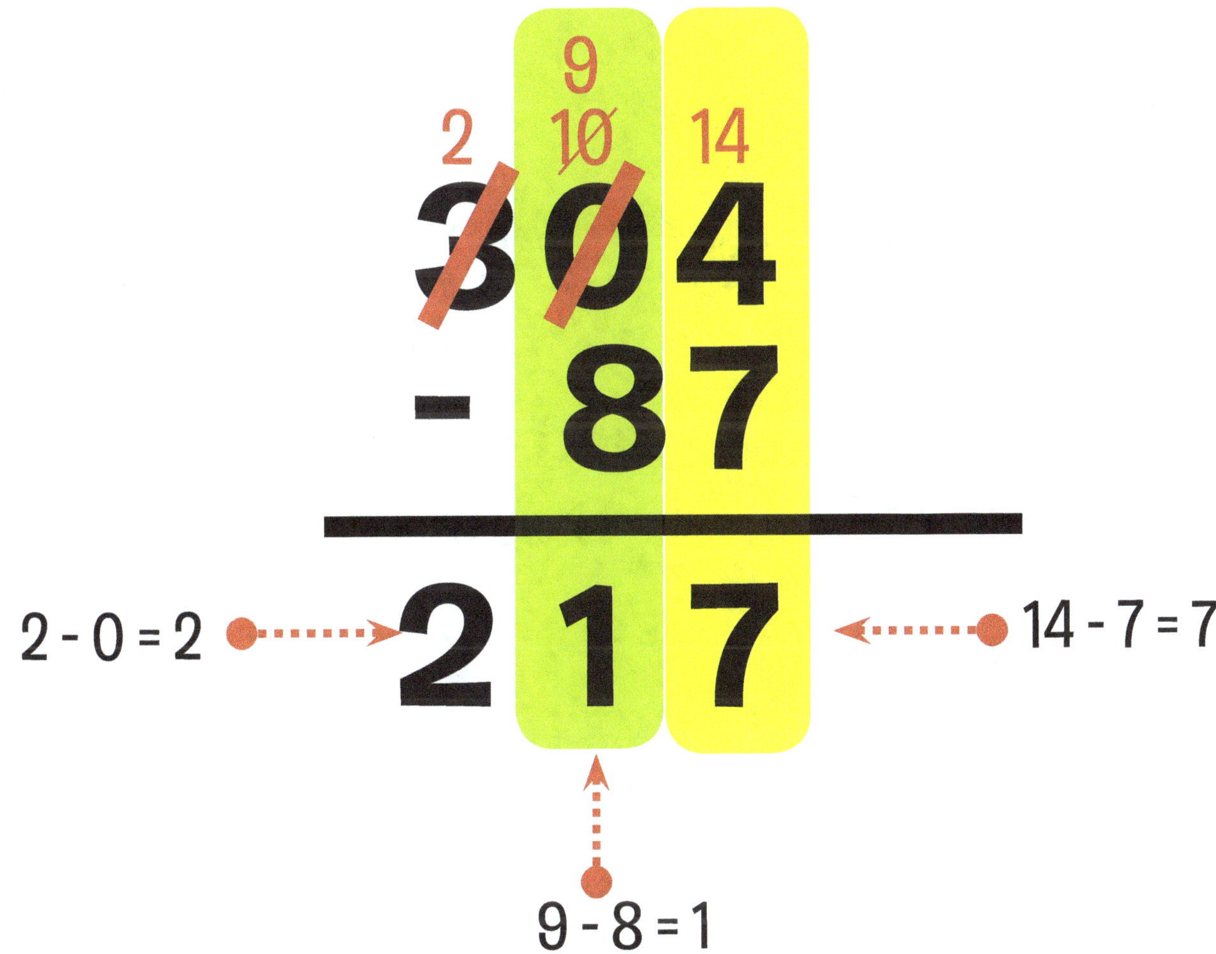

9
2  10  14
3  0  4
- 8  7
2  1  7
2 - 0 = 2
9 - 8 = 1
14 - 7 = 7

It's your turn to subtract!
You can have fun
and practice with
these activities

Enjoy!

# Activity No. 1

**Find the Difference.**

1) 21 − 18

2) 21 − 16

3) 41 − 32

4) 51 − 42

5) 51 − 17

6) 61 − 13

7) 62 − 43

8) 23 − 15

9) 95 − 26

10) 56 − 19

# Activity No. 2

**Find the Difference.**

| 1) 41<br>− 23 | 2) 46<br>− 28 | 3) 44<br>− 18 | 4) 21<br>− 13 | 5) 31<br>− 22 |
|---|---|---|---|---|
| 6) 71<br>− 52 | 7) 64<br>− 19 | 8) 81<br>− 55 | 9) 82<br>− 54 | 10) 91<br>− 67 |

# Activity No. 3

**Find the Difference.**

| | | | | |
|---|---|---|---|---|
| **1)** $\begin{aligned}46\\-\ 38\end{aligned}$ | **2)** $\begin{aligned}72\\-\ 26\end{aligned}$ | **3)** $\begin{aligned}91\\-\ 32\end{aligned}$ | **4)** $\begin{aligned}61\\-\ 56\end{aligned}$ | **5)** $\begin{aligned}61\\-\ 23\end{aligned}$ |
| **6)** $\begin{aligned}61\\-\ 37\end{aligned}$ | **7)** $\begin{aligned}46\\-\ 29\end{aligned}$ | **8)** $\begin{aligned}55\\-\ 27\end{aligned}$ | **9)** $\begin{aligned}63\\-\ 29\end{aligned}$ | **10)** $\begin{aligned}21\\-\ 16\end{aligned}$ |

# Activity No. 4

Find the Difference.

1) 83
- 39

2) 55
- 27

3) 43
- 28

4) 51
- 34

5) 24
- 16

6) 71
- 42

7) 61
- 35

8) 92
- 46

9) 82
- 18

10) 44
- 36

**Find the Difference.**

1)  $\begin{array}{r} 43 \\ -\ 14 \\ \hline \end{array}$   2)  $\begin{array}{r} 94 \\ -\ 37 \\ \hline \end{array}$   3)  $\begin{array}{r} 83 \\ -\ 47 \\ \hline \end{array}$   4)  $\begin{array}{r} 88 \\ -\ 29 \\ \hline \end{array}$   5)  $\begin{array}{r} 76 \\ -\ 27 \\ \hline \end{array}$

6)  $\begin{array}{r} 47 \\ -\ 39 \\ \hline \end{array}$   7)  $\begin{array}{r} 73 \\ -\ 19 \\ \hline \end{array}$   8)  $\begin{array}{r} 95 \\ -\ 78 \\ \hline \end{array}$   9)  $\begin{array}{r} 62 \\ -\ 17 \\ \hline \end{array}$   10)  $\begin{array}{r} 47 \\ -\ 18 \\ \hline \end{array}$

# Activity No. 6

**Find the Difference.**

1)  33
  − 29

2)  61
  − 35

3)  62
  − 57

4)  37
  − 29

5)  22
  − 18

6)  51
  − 42

7)  72
  − 15

8)  21
  − 13

9)  21
  − 17

10)  34
  − 28

# Activity No. 7

Find the Difference.

| 1) 68<br>− 39 | 2) 32<br>− 16 | 3) 31<br>− 13 | 4) 42<br>− 13 | 5) 83<br>− 45 |
|---|---|---|---|---|

| 6) 72<br>− 14 | 7) 82<br>− 17 | 8) 41<br>− 26 | 9) 62<br>− 45 | 10) 92<br>− 43 |
|---|---|---|---|---|

# Activity No. 8

**Find the Difference.**

1) 
```
  24
- 18
```

2) 
```
  83
- 55
```

3) 
```
  62
- 15
```

4) 
```
  91
- 83
```

5) 
```
  32
- 27
```

6) 
```
  22
- 17
```

7) 
```
  74
- 19
```

8) 
```
  65
- 38
```

9) 
```
  83
- 78
```

10) 
```
  71
- 32
```

**Find the Difference.**

1)  71  
− 23

2)  93  
− 34

3)  93  
− 24

4)  31  
− 26

5)  52  
− 27

6)  63  
− 15

7)  81  
− 62

8)  91  
− 88

9)  24  
− 18

10)  61  
− 43

# Activity No. 10

**Find the Difference.**

1)   41  
 − 12

2)   21  
 − 15

3)   72  
 − 67

4)   24  
 − 15

5)   21  
 − 12

6)   32  
 − 23

7)   72  
 − 28

8)   22  
 − 16

9)   21  
 − 16

10)   93  
 − 74

# Activity No. 11

**Find the Difference.**

1) 32 − 23

2) 54 − 27

3) 51 − 14

4) 24 − 16

5) 54 − 36

6) 31 − 13

7) 62 − 19

8) 91 − 45

9) 41 − 23

10) 81 − 79

# Activity No. 12

**Find the Difference.**

| **1)** 32 <br> − 14 | **2)** 64 <br> − 58 | **3)** 63 <br> − 34 | **4)** 91 <br> − 27 | **5)** 41 <br> − 22 |
|---|---|---|---|---|
| **6)** 34 <br> − 26 | **7)** 81 <br> − 35 | **8)** 54 <br> − 37 | **9)** 51 <br> − 22 | **10)** 83 <br> − 46 |

**Find the Difference.**

| 1) 41 − 22 | 2) 33 − 17 | 3) 56 − 38 | 4) 43 − 26 | 5) 42 − 36 |

| 6) 57 − 48 | 7) 21 − 12 | 8) 91 − 12 | 9) 85 − 78 | 10) 63 − 59 |

# Activity No. 14

**Find the Difference.**

1) 
$$\begin{array}{r} 91 \\ -\ 66 \\ \hline \end{array}$$

2) 
$$\begin{array}{r} 71 \\ -\ 62 \\ \hline \end{array}$$

3) 
$$\begin{array}{r} 74 \\ -\ 66 \\ \hline \end{array}$$

4) 
$$\begin{array}{r} 41 \\ -\ 32 \\ \hline \end{array}$$

5) 
$$\begin{array}{r} 71 \\ -\ 42 \\ \hline \end{array}$$

6) 
$$\begin{array}{r} 51 \\ -\ 22 \\ \hline \end{array}$$

7) 
$$\begin{array}{r} 52 \\ -\ 37 \\ \hline \end{array}$$

8) 
$$\begin{array}{r} 24 \\ -\ 16 \\ \hline \end{array}$$

9) 
$$\begin{array}{r} 77 \\ -\ 29 \\ \hline \end{array}$$

10) 
$$\begin{array}{r} 52 \\ -\ 17 \\ \hline \end{array}$$

**Find the Difference.**

| | | | | |
|---|---|---|---|---|
| **1)**  51<br>− 28 | **2)**  82<br>− 24 | **3)**  72<br>− 43 | **4)**  51<br>− 24 | **5)**  41<br>− 13 |
| **6)**  93<br>− 85 | **7)**  63<br>− 44 | **8)**  21<br>− 12 | **9)**  31<br>− 16 | **10)** 71<br>− 23 |

# Activity No. 16

**Find the Difference.**

1)  42<br>−  24

2)  51<br>−  42

3)  25<br>−  18

4)  41<br>−  23

5)  71<br>−  39

6)  42<br>−  29

7)  22<br>−  18

8)  37<br>−  28

9)  22<br>−  16

10)  82<br>−  55

# Activity No. 17

**Find the Difference.**

1)  52  
  − 25  

2)  81  
  − 43  

3)  51  
  − 13  

4)  67  
  − 19  

5)  73  
  − 28  

6)  25  
  − 19  

7)  62  
  − 29  

8)  54  
  − 25  

9)  31  
  − 26  

10)  63  
  − 36  

# Activity No. 18

**Find the Difference.**

1)  84  − 36

2)  62  − 59

3)  62  − 53

4)  61  − 22

5)  81  − 23

6)  83  − 25

7)  75  − 57

8)  91  − 73

9)  81  − 55

10)  91  − 64

**Find the Difference.**

1)　　27
　　− 18

2)　　31
　　− 25

3)　　71
　　− 32

4)　　84
　　− 65

5)　　31
　　− 14

6)　　97
　　− 89

7)　　36
　　− 17

8)　　53
　　− 36

9)　　71
　　− 38

10)　72
　　− 54

# Activity No. 20

**Find the Difference.**

1) 
$$\begin{array}{r} 82 \\ -\ 53 \\ \hline \end{array}$$

2) 
$$\begin{array}{r} 72 \\ -\ 63 \\ \hline \end{array}$$

3) 
$$\begin{array}{r} 33 \\ -\ 18 \\ \hline \end{array}$$

4) 
$$\begin{array}{r} 53 \\ -\ 17 \\ \hline \end{array}$$

5) 
$$\begin{array}{r} 62 \\ -\ 23 \\ \hline \end{array}$$

6) 
$$\begin{array}{r} 32 \\ -\ 14 \\ \hline \end{array}$$

7) 
$$\begin{array}{r} 41 \\ -\ 12 \\ \hline \end{array}$$

8) 
$$\begin{array}{r} 75 \\ -\ 37 \\ \hline \end{array}$$

9) 
$$\begin{array}{r} 74 \\ -\ 26 \\ \hline \end{array}$$

10) 
$$\begin{array}{r} 87 \\ -\ 59 \\ \hline \end{array}$$

# Activity No. 21

**Find the Difference.**

1)  30  
− 24

2)  40  
− 19

3)  50  
− 24

4)  40  
− 29

5)  50  
− 14

6)  40  
− 38

7)  30  
− 15

8)  90  
− 31

9)  40  
− 31

10)  30  
− 24

# Activity No. 22

**Find the Difference.**

| | | | | |
|---|---|---|---|---|
| **1)** 90<br>− 18 | **2)** 50<br>− 32 | **3)** 30<br>− 16 | **4)** 30<br>− 14 | **5)** 70<br>− 38 |

| | | | | |
|---|---|---|---|---|
| **6)** 50<br>− 22 | **7)** 30<br>− 25 | **8)** 30<br>− 22 | **9)** 40<br>− 23 | **10)** 60<br>− 58 |

# Activity No. 23

**Find the Difference.**

1) $\begin{array}{r} 80 \\ -35 \\ \hline \end{array}$
2) $\begin{array}{r} 30 \\ -24 \\ \hline \end{array}$
3) $\begin{array}{r} 20 \\ -12 \\ \hline \end{array}$
4) $\begin{array}{r} 80 \\ -73 \\ \hline \end{array}$
5) $\begin{array}{r} 20 \\ -16 \\ \hline \end{array}$

6) $\begin{array}{r} 90 \\ -76 \\ \hline \end{array}$
7) $\begin{array}{r} 90 \\ -54 \\ \hline \end{array}$
8) $\begin{array}{r} 80 \\ -59 \\ \hline \end{array}$
9) $\begin{array}{r} 40 \\ -33 \\ \hline \end{array}$
10) $\begin{array}{r} 70 \\ -48 \\ \hline \end{array}$

# Activity No. 24

**Find the Difference.**

| **1)** 90<br>− 54 | **2)** 80<br>− 13 | **3)** 20<br>− 16 | **4)** 70<br>− 57 | **5)** 30<br>− 24 |
|---|---|---|---|---|
| **6)** 80<br>− 69 | **7)** 60<br>− 36 | **8)** 30<br>− 24 | **9)** 60<br>− 34 | **10)** 50<br>− 35 |

# Activity No. 25

**Find the Difference.**

1) 
$$\begin{array}{r} 70 \\ -\ 22 \\ \hline \end{array}$$

2) 
$$\begin{array}{r} 80 \\ -\ 22 \\ \hline \end{array}$$

3) 
$$\begin{array}{r} 90 \\ -\ 15 \\ \hline \end{array}$$

4) 
$$\begin{array}{r} 30 \\ -\ 17 \\ \hline \end{array}$$

5) 
$$\begin{array}{r} 60 \\ -\ 54 \\ \hline \end{array}$$

6) 
$$\begin{array}{r} 80 \\ -\ 26 \\ \hline \end{array}$$

7) 
$$\begin{array}{r} 40 \\ -\ 39 \\ \hline \end{array}$$

8) 
$$\begin{array}{r} 50 \\ -\ 33 \\ \hline \end{array}$$

9) 
$$\begin{array}{r} 90 \\ -\ 11 \\ \hline \end{array}$$

10) 
$$\begin{array}{r} 50 \\ -\ 21 \\ \hline \end{array}$$

# Activity No. 26

**Find the Difference.**

**1)** 20 − 17

**2)** 80 − 76

**3)** 20 − 15

**4)** 60 − 11

**5)** 20 − 11

**6)** 80 − 76

**7)** 50 − 47

**8)** 50 − 29

**9)** 40 − 29

**10)** 90 − 33

# Activity No. 27

**Find the Difference.**

1)
```
  30
- 21
```

2)
```
  50
- 49
```

3)
```
  60
- 47
```

4)
```
  70
- 68
```

5)
```
  50
- 38
```

6)
```
  40
- 12
```

7)
```
  20
- 12
```

8)
```
  30
- 21
```

9)
```
  40
- 14
```

10)
```
  80
- 33
```

# Activity No. 28

**Find the Difference.**

| | | | | |
|---|---|---|---|---|
| **1)** 80<br>− 33 | **2)** 80<br>− 76 | **3)** 70<br>− 32 | **4)** 50<br>− 43 | **5)** 70<br>− 58 |

| | | | | |
|---|---|---|---|---|
| **6)** 50<br>− 31 | **7)** 60<br>− 43 | **8)** 30<br>− 14 | **9)** 30<br>− 11 | **10)** 80<br>− 26 |

# Activity No. 29

**Find the Difference.**

| 1) 60 − 34 | 2) 50 − 47 | 3) 60 − 47 | 4) 60 − 35 | 5) 30 − 19 |
|---|---|---|---|---|
| 6) 20 − 13 | 7) 30 − 23 | 8) 40 − 22 | 9) 90 − 41 | 10) 90 − 66 |

# Activity No. 30

**Find the Difference.**

1) 
$$\begin{array}{r} 20 \\ -\ 11 \\ \hline \end{array}$$

2) 
$$\begin{array}{r} 70 \\ -\ 63 \\ \hline \end{array}$$

3) 
$$\begin{array}{r} 60 \\ -\ 17 \\ \hline \end{array}$$

4) 
$$\begin{array}{r} 20 \\ -\ 13 \\ \hline \end{array}$$

5) 
$$\begin{array}{r} 20 \\ -\ 11 \\ \hline \end{array}$$

6) 
$$\begin{array}{r} 60 \\ -\ 56 \\ \hline \end{array}$$

7) 
$$\begin{array}{r} 60 \\ -\ 33 \\ \hline \end{array}$$

8) 
$$\begin{array}{r} 60 \\ -\ 26 \\ \hline \end{array}$$

9) 
$$\begin{array}{r} 40 \\ -\ 29 \\ \hline \end{array}$$

10) 
$$\begin{array}{r} 40 \\ -\ 32 \\ \hline \end{array}$$

# Activity No. 31

**Find the Difference.**

1)   80
   − 51

2)   50
   − 47

3)   80
   − 58

4)   50
   − 47

5)   40
   − 35

6)   40
   − 21

7)   90
   − 68

8)   50
   − 46

9)   80
   − 22

10)  70
   − 22

**Find the Difference.**

| 1) 50<br>− 14 | 2) 50<br>− 11 | 3) 60<br>− 31 | 4) 20<br>− 18 | 5) 90<br>− 84 |
|---|---|---|---|---|
| 6) 40<br>− 24 | 7) 70<br>− 68 | 8) 20<br>− 17 | 9) 40<br>− 26 | 10) 70<br>− 34 |

# Activity No. 33

**Find the Difference.**

1)  90
  - 27

2)  50
  - 33

3)  70
  - 48

4)  40
  - 14

5)  60
  - 35

6)  50
  - 21

7)  70
  - 58

8)  90
  - 79

9)  80
  - 42

10)  60
  - 31

# Activity No. 34

**Find the Difference.**

| | | | | |
|---|---|---|---|---|
| **1)** 50 − 24 | **2)** 60 − 38 | **3)** 60 − 43 | **4)** 20 − 13 | **5)** 80 − 65 |
| **6)** 50 − 37 | **7)** 80 − 68 | **8)** 30 − 24 | **9)** 60 − 44 | **10)** 70 − 59 |

# Activity No. 35

**Find the Difference.**

1)  782 − 539

2)  285 − 279

3)  343 − 267

4)  996 − 772

5)  825 − 752

6)  776 − 357

7)  388 − 153

8)  374 − 266

9)  812 − 515

10) 777 − 636

# Activity No. 36

**Find the Difference.**

| | | | | |
|---|---|---|---|---|
| **1)** 580<br>− 191 | **2)** 903<br>− 854 | **3)** 403<br>− 248 | **4)** 374<br>− 372 | **5)** 797<br>− 574 |

| | | | | |
|---|---|---|---|---|
| **6)** 398<br>− 372 | **7)** 968<br>− 882 | **8)** 967<br>− 910 | **9)** 719<br>− 227 | **10)** 808<br>− 407 |

# Activity No. 37

**Find the Difference.**

1)  501
   − 302

2)  934
   − 597

3)  693
   − 212

4)  854
   − 256

5)  918
   − 465

6)  901
   − 238

7)  813
   − 638

8)  361
   − 250

9)  826
   − 762

10) 354
   − 213

# Activity No. 38

**Find the Difference.**

**1)** 813 − 177

**2)** 695 − 398

**3)** 269 − 115

**4)** 606 − 138

**5)** 924 − 467

**6)** 877 − 624

**7)** 287 − 189

**8)** 745 − 130

**9)** 995 − 290

**10)** 915 − 219

**Find the Difference.**

1)
```
  290
- 134
─────
```

2)
```
  900
- 718
─────
```

3)
```
  900
- 465
─────
```

4)
```
  506
- 431
─────
```

5)
```
  800
- 419
─────
```

6)
```
  507
- 232
─────
```

7)
```
  730
- 124
─────
```

8)
```
  420
- 116
─────
```

9)
```
  700
- 521
─────
```

10)
```
  205
- 153
─────
```

# Activity No. 40

**Find the Difference.**

| 1) | 905<br>- 183 | 2) | 553<br>- 412 | 3) | 709<br>- 545 | 4) | 500<br>- 429 | 5) | 348<br>- 135 |

| 6) | 475<br>- 212 | 7) | 830<br>- 223 | 8) | 400<br>- 285 | 9) | 261<br>- 141 | 10) | 970<br>- 333 |

Answers

# Answers

## Activity No. 1

**Find the Difference.**

1) 21 − 18 = 3
2) 21 − 16 = 5
3) 41 − 32 = 9
4) 51 − 42 = 9
5) 51 − 17 = 34

6) 61 − 13 = 48
7) 62 − 43 = 19
8) 23 − 15 = 8
9) 95 − 26 = 69
10) 56 − 19 = 37

## Activity No. 2

**Find the Difference.**

1) 41 − 23 = 18
2) 46 − 28 = 18
3) 44 − 18 = 26
4) 21 − 13 = 8
5) 31 − 22 = 9

6) 71 − 52 = 19
7) 64 − 19 = 45
8) 81 − 55 = 26
9) 82 − 54 = 28
10) 91 − 67 = 24

## Activity No. 3

**Find the Difference.**

1) 46 − 38 = 8
2) 72 − 26 = 46
3) 91 − 32 = 59
4) 61 − 56 = 5
5) 61 − 23 = 38

6) 61 − 37 = 24
7) 46 − 29 = 17
8) 55 − 27 = 28
9) 63 − 29 = 34
10) 21 − 16 = 5

## Activity No. 4

**Find the Difference.**

1) 83 − 39 = 44
2) 55 − 27 = 28
3) 43 − 28 = 15
4) 51 − 34 = 17
5) 24 − 16 = 8

6) 71 − 42 = 29
7) 61 − 35 = 26
8) 92 − 46 = 46
9) 82 − 18 = 64
10) 44 − 36 = 8

# Answers

## Activity No. 5

**Find the Difference.**

| 1) 43 − 14 = 29 | 2) 94 − 37 = 57 | 3) 83 − 47 = 36 | 4) 88 − 29 = 59 | 5) 76 − 27 = 49 |
|---|---|---|---|---|
| 6) 47 − 39 = 8 | 7) 73 − 19 = 54 | 8) 95 − 78 = 17 | 9) 62 − 17 = 45 | 10) 47 − 18 = 29 |

## Activity No. 6

**Find the Difference.**

| 1) 33 − 29 = 4 | 2) 61 − 35 = 26 | 3) 62 − 57 = 5 | 4) 37 − 29 = 8 | 5) 22 − 18 = 4 |
|---|---|---|---|---|
| 6) 51 − 42 = 9 | 7) 72 − 15 = 57 | 8) 21 − 13 = 8 | 9) 21 − 17 = 4 | 10) 34 − 28 = 6 |

## Activity No. 7

**Find the Difference.**

| 1) 68 − 39 = 29 | 2) 32 − 16 = 16 | 3) 31 − 13 = 18 | 4) 42 − 13 = 29 | 5) 83 − 45 = 38 |
|---|---|---|---|---|
| 6) 72 − 14 = 58 | 7) 82 − 17 = 65 | 8) 41 − 26 = 15 | 9) 62 − 45 = 17 | 10) 92 − 43 = 49 |

## Activity No. 8

**Find the Difference.**

| 1) 24 − 18 = 6 | 2) 83 − 55 = 28 | 3) 62 − 15 = 47 | 4) 91 − 83 = 8 | 5) 32 − 27 = 5 |
|---|---|---|---|---|
| 6) 22 − 17 = 5 | 7) 74 − 19 = 55 | 8) 65 − 38 = 27 | 9) 83 − 78 = 5 | 10) 71 − 32 = 39 |

# Answers

## Activity No. 9

**Find the Difference.**

| 1) 71 − 23 = 48 | 2) 93 − 34 = 59 | 3) 93 − 24 = 69 | 4) 31 − 26 = 5 | 5) 52 − 27 = 25 |
|---|---|---|---|---|
| 6) 63 − 15 = 48 | 7) 81 − 62 = 19 | 8) 91 − 88 = 3 | 9) 24 − 18 = 6 | 10) 61 − 43 = 18 |

## Activity No. 10

**Find the Difference.**

| 1) 41 − 12 = 29 | 2) 21 − 15 = 6 | 3) 72 − 67 = 5 | 4) 24 − 15 = 9 | 5) 21 − 12 = 9 |
|---|---|---|---|---|
| 6) 32 − 23 = 9 | 7) 72 − 28 = 44 | 8) 22 − 16 = 6 | 9) 21 − 16 = 5 | 10) 93 − 74 = 19 |

## Activity No. 11

**Find the Difference.**

| 1) 32 − 23 = 9 | 2) 54 − 27 = 27 | 3) 51 − 14 = 37 | 4) 24 − 16 = 8 | 5) 54 − 36 = 18 |
|---|---|---|---|---|
| 6) 31 − 13 = 18 | 7) 62 − 19 = 43 | 8) 91 − 45 = 46 | 9) 41 − 23 = 18 | 10) 81 − 79 = 2 |

## Activity No. 12

**Find the Difference.**

| 1) 32 − 14 = 18 | 2) 64 − 58 = 6 | 3) 63 − 34 = 29 | 4) 91 − 27 = 64 | 5) 41 − 22 = 19 |
|---|---|---|---|---|
| 6) 34 − 26 = 8 | 7) 81 − 35 = 46 | 8) 54 − 37 = 17 | 9) 51 − 22 = 29 | 10) 83 − 46 = 37 |

# Answers

## Activity No. 13

**Find the Difference.**

| 1) 41<br>− 22<br>19 | 2) 33<br>− 17<br>16 | 3) 56<br>− 38<br>18 | 4) 43<br>− 26<br>17 | 5) 42<br>− 36<br>6 |
|---|---|---|---|---|
| 6) 57<br>− 48<br>9 | 7) 21<br>− 12<br>9 | 8) 91<br>− 12<br>79 | 9) 85<br>− 78<br>7 | 10) 63<br>− 59<br>4 |

## Activity No. 14

**Find the Difference.**

| 1) 91<br>− 66<br>25 | 2) 71<br>− 62<br>9 | 3) 74<br>− 66<br>8 | 4) 41<br>− 32<br>9 | 5) 71<br>− 42<br>29 |
|---|---|---|---|---|
| 6) 51<br>− 22<br>29 | 7) 52<br>− 37<br>15 | 8) 24<br>− 16<br>8 | 9) 77<br>− 29<br>48 | 10) 52<br>− 17<br>35 |

## Activity No. 15

**Find the Difference.**

| 1) 51<br>− 28<br>23 | 2) 82<br>− 24<br>58 | 3) 72<br>− 43<br>29 | 4) 51<br>− 24<br>27 | 5) 41<br>− 13<br>28 |
|---|---|---|---|---|
| 6) 93<br>− 85<br>8 | 7) 63<br>− 44<br>19 | 8) 21<br>− 12<br>9 | 9) 31<br>− 16<br>15 | 10) 71<br>− 23<br>48 |

## Activity No. 16

**Find the Difference.**

| 1) 42<br>− 24<br>18 | 2) 51<br>− 42<br>9 | 3) 25<br>− 18<br>7 | 4) 41<br>− 23<br>18 | 5) 71<br>− 39<br>32 |
|---|---|---|---|---|
| 6) 42<br>− 29<br>13 | 7) 22<br>− 18<br>4 | 8) 37<br>− 28<br>9 | 9) 22<br>− 16<br>6 | 10) 82<br>− 55<br>27 |

# Answers

## Activity No. 17

**Find the Difference.**

| 1) 52<br>− 25<br>27 | 2) 81<br>− 43<br>38 | 3) 51<br>− 13<br>38 | 4) 67<br>− 19<br>48 | 5) 73<br>− 28<br>45 |
|---|---|---|---|---|
| 6) 25<br>− 19<br>6 | 7) 62<br>− 29<br>33 | 8) 54<br>− 25<br>29 | 9) 31<br>− 26<br>5 | 10) 63<br>− 36<br>27 |

## Activity No. 18

**Find the Difference.**

| 1) 84<br>− 36<br>48 | 2) 62<br>− 59<br>3 | 3) 62<br>− 53<br>9 | 4) 61<br>− 22<br>39 | 5) 81<br>− 23<br>58 |
|---|---|---|---|---|
| 6) 83<br>− 25<br>58 | 7) 75<br>− 57<br>18 | 8) 91<br>− 73<br>18 | 9) 81<br>− 55<br>26 | 10) 91<br>− 64<br>27 |

## Activity No. 19

**Find the Difference.**

| 1) 27<br>− 18<br>9 | 2) 31<br>− 25<br>6 | 3) 71<br>− 32<br>39 | 4) 84<br>− 65<br>19 | 5) 31<br>− 14<br>17 |
|---|---|---|---|---|
| 6) 97<br>− 89<br>8 | 7) 36<br>− 17<br>19 | 8) 53<br>− 36<br>17 | 9) 71<br>− 38<br>33 | 10) 72<br>− 54<br>18 |

## Activity No. 20

**Find the Difference.**

| 1) 82<br>− 53<br>29 | 2) 72<br>− 63<br>9 | 3) 33<br>− 18<br>15 | 4) 53<br>− 17<br>36 | 5) 62<br>− 23<br>39 |
|---|---|---|---|---|
| 6) 32<br>− 14<br>18 | 7) 41<br>− 12<br>29 | 8) 75<br>− 37<br>38 | 9) 74<br>− 26<br>48 | 10) 87<br>− 59<br>28 |

# Answers

## Activity No. 21

**Find the Difference.**

| | | | | |
|---|---|---|---|---|
| 1) 30 − 24 = 6 | 2) 40 − 19 = 21 | 3) 50 − 24 = 26 | 4) 40 − 29 = 11 | 5) 50 − 14 = 36 |
| 6) 40 − 38 = 2 | 7) 30 − 15 = 15 | 8) 90 − 31 = 59 | 9) 40 − 31 = 9 | 10) 30 − 24 = 6 |

## Activity No. 22

**Find the Difference.**

| | | | | |
|---|---|---|---|---|
| 1) 90 − 18 = 72 | 2) 50 − 32 = 18 | 3) 30 − 16 = 14 | 4) 30 − 14 = 16 | 5) 70 − 38 = 32 |
| 6) 50 − 22 = 28 | 7) 30 − 25 = 5 | 8) 30 − 22 = 8 | 9) 40 − 23 = 17 | 10) 60 − 58 = 2 |

## Activity No. 23

**Find the Difference.**

| | | | | |
|---|---|---|---|---|
| 1) 80 − 35 = 45 | 2) 30 − 24 = 6 | 3) 20 − 12 = 8 | 4) 80 − 73 = 7 | 5) 20 − 16 = 4 |
| 6) 90 − 76 = 14 | 7) 90 − 54 = 36 | 8) 80 − 59 = 21 | 9) 40 − 33 = 7 | 10) 70 − 48 = 22 |

## Activity No. 24

**Find the Difference.**

| | | | | |
|---|---|---|---|---|
| 1) 90 − 54 = 36 | 2) 80 − 13 = 67 | 3) 20 − 16 = 4 | 4) 70 − 57 = 13 | 5) 30 − 24 = 6 |
| 6) 80 − 69 = 11 | 7) 60 − 36 = 24 | 8) 30 − 24 = 6 | 9) 60 − 34 = 26 | 10) 50 − 35 = 15 |

# Answers

## Activity No. 25

**Find the Difference.**

| 1) | 2) | 3) | 4) | 5) |
|---|---|---|---|---|
| 70 − 22 = 48 | 80 − 22 = 58 | 90 − 15 = 75 | 30 − 17 = 13 | 60 − 54 = 6 |

| 6) | 7) | 8) | 9) | 10) |
|---|---|---|---|---|
| 80 − 26 = 54 | 40 − 39 = 1 | 50 − 33 = 17 | 90 − 11 = 79 | 50 − 21 = 29 |

## Activity No. 26

**Find the Difference.**

| 1) | 2) | 3) | 4) | 5) |
|---|---|---|---|---|
| 20 − 17 = 3 | 80 − 76 = 4 | 20 − 15 = 5 | 60 − 11 = 49 | 20 − 11 = 9 |

| 6) | 7) | 8) | 9) | 10) |
|---|---|---|---|---|
| 80 − 76 = 4 | 50 − 47 = 3 | 50 − 29 = 21 | 40 − 29 = 11 | 90 − 33 = 57 |

## Activity No. 27

**Find the Difference.**

| 1) | 2) | 3) | 4) | 5) |
|---|---|---|---|---|
| 30 − 21 = 9 | 50 − 49 = 1 | 60 − 47 = 13 | 70 − 68 = 2 | 50 − 38 = 12 |

| 6) | 7) | 8) | 9) | 10) |
|---|---|---|---|---|
| 40 − 12 = 28 | 20 − 12 = 8 | 30 − 21 = 9 | 40 − 14 = 26 | 80 − 33 = 47 |

## Activity No. 28

**Find the Difference.**

| 1) | 2) | 3) | 4) | 5) |
|---|---|---|---|---|
| 80 − 33 = 47 | 80 − 76 = 4 | 70 − 32 = 38 | 50 − 43 = 7 | 70 − 58 = 12 |

| 6) | 7) | 8) | 9) | 10) |
|---|---|---|---|---|
| 50 − 31 = 19 | 60 − 43 = 17 | 30 − 14 = 16 | 30 − 11 = 19 | 80 − 26 = 54 |

# Answers

## Activity No. 29

**Find the Difference.**

| | | | | |
|---|---|---|---|---|
| 1) 60 − 34 = 26 | 2) 50 − 47 = 3 | 3) 60 − 47 = 13 | 4) 60 − 35 = 25 | 5) 30 − 19 = 11 |
| 6) 20 − 13 = 7 | 7) 30 − 23 = 7 | 8) 40 − 22 = 18 | 9) 90 − 41 = 49 | 10) 90 − 66 = 24 |

## Activity No. 30

**Find the Difference.**

| | | | | |
|---|---|---|---|---|
| 1) 20 − 11 = 9 | 2) 70 − 63 = 7 | 3) 60 − 17 = 43 | 4) 20 − 13 = 7 | 5) 20 − 11 = 9 |
| 6) 60 − 56 = 4 | 7) 60 − 33 = 27 | 8) 60 − 26 = 34 | 9) 40 − 29 = 11 | 10) 40 − 32 = 8 |

## Activity No. 31

**Find the Difference.**

| | | | | |
|---|---|---|---|---|
| 1) 80 − 51 = 29 | 2) 50 − 47 = 3 | 3) 80 − 58 = 22 | 4) 50 − 47 = 3 | 5) 40 − 35 = 5 |
| 6) 40 − 21 = 19 | 7) 90 − 68 = 22 | 8) 50 − 46 = 4 | 9) 80 − 22 = 58 | 10) 70 − 22 = 48 |

## Activity No. 32

**Find the Difference.**

| | | | | |
|---|---|---|---|---|
| 1) 50 − 14 = 36 | 2) 50 − 11 = 39 | 3) 60 − 31 = 29 | 4) 20 − 18 = 2 | 5) 90 − 84 = 6 |
| 6) 40 − 24 = 16 | 7) 70 − 68 = 2 | 8) 20 − 17 = 3 | 9) 40 − 26 = 14 | 10) 70 − 34 = 36 |

# Answers

## Activity No. 33

**Find the Difference.**

| 1) 90 − 27 = 63 | 2) 50 − 33 = 17 | 3) 70 − 48 = 22 | 4) 40 − 14 = 26 | 5) 60 − 35 = 25 |
| 6) 50 − 21 = 29 | 7) 70 − 58 = 12 | 8) 90 − 79 = 11 | 9) 80 − 42 = 38 | 10) 60 − 31 = 29 |

## Activity No. 34

**Find the Difference.**

| 1) 50 − 24 = 26 | 2) 60 − 38 = 22 | 3) 60 − 43 = 17 | 4) 20 − 13 = 7 | 5) 80 − 65 = 15 |
| 6) 50 − 37 = 13 | 7) 80 − 68 = 12 | 8) 30 − 24 = 6 | 9) 60 − 44 = 16 | 10) 70 − 59 = 11 |

## Activity No. 35

**Find the Difference.**

| 1) 782 − 539 = 243 | 2) 285 − 279 = 6 | 3) 343 − 267 = 76 | 4) 996 − 772 = 224 | 5) 825 − 752 = 73 |
| 6) 776 − 357 = 419 | 7) 388 − 153 = 235 | 8) 374 − 266 = 108 | 9) 812 − 515 = 297 | 10) 777 − 636 = 141 |

## Activity No. 36

**Find the Difference.**

| 1) 580 − 191 = 389 | 2) 903 − 854 = 49 | 3) 403 − 248 = 155 | 4) 374 − 372 = 2 | 5) 797 − 574 = 223 |
| 6) 398 − 372 = 26 | 7) 968 − 882 = 86 | 8) 967 − 910 = 57 | 9) 719 − 227 = 492 | 10) 808 − 407 = 401 |

# Answers

## Activity No. 37

**Find the Difference.**

| | | | | |
|---|---|---|---|---|
| 1) 501 − 302 = 199 | 2) 934 − 597 = 337 | 3) 693 − 212 = 481 | 4) 854 − 256 = 598 | 5) 918 − 465 = 453 |
| 6) 901 − 238 = 663 | 7) 813 − 638 = 175 | 8) 361 − 250 = 111 | 9) 826 − 762 = 64 | 10) 354 − 213 = 141 |

## Activity No. 38

**Find the Difference.**

| | | | | |
|---|---|---|---|---|
| 1) 813 − 177 = 636 | 2) 695 − 398 = 297 | 3) 269 − 115 = 154 | 4) 606 − 138 = 468 | 5) 924 − 467 = 457 |
| 6) 877 − 624 = 253 | 7) 287 − 189 = 98 | 8) 745 − 130 = 615 | 9) 995 − 290 = 705 | 10) 915 − 219 = 696 |

## Activity No. 39

**Find the Difference.**

| | | | | |
|---|---|---|---|---|
| 1) 290 − 134 = 156 | 2) 900 − 718 = 182 | 3) 900 − 465 = 435 | 4) 506 − 431 = 75 | 5) 800 − 419 = 381 |
| 6) 507 − 232 = 275 | 7) 730 − 124 = 606 | 8) 420 − 116 = 304 | 9) 700 − 521 = 179 | 10) 205 − 153 = 52 |

## Activity No. 40

**Find the Difference.**

| | | | | |
|---|---|---|---|---|
| 1) 905 − 183 = 722 | 2) 553 − 412 = 141 | 3) 709 − 545 = 164 | 4) 500 − 429 = 71 | 5) 348 − 135 = 213 |
| 6) 475 − 212 = 263 | 7) 830 − 223 = 607 | 8) 400 − 285 = 115 | 9) 261 − 141 = 120 | 10) 970 − 333 = 637 |

Visit
BABY PROFESSOR
EDUCATION KIDS
www.BabyProfessorBooks.com
to download Free Baby Professor eBooks
and view our catalog of new and exciting
Children's Books